PANI NIEBA

Pani Nieba

Aldivan Torres

Canary Of Joy

CONTENTS

1- 1

1

Pani Nieba
Aldivan Teixeira Tôrres
Pani Nieba
Autor: Aldivan Teixeira Tôrres
© 2018-Aldivan Teixeira Tôrres
Wszelkie prawa zastrzeżone

Niniejszy e-book, w tym wszystkie jego części, jest chroniony prawem autorskim i nie może być powielany bez zgody autora, odsprzedawanego lub przekazanego.

Aldivan Teixeira Tôrres jest pisarzem skonsolidowanym w kilku gatunkach. Do tej pory tytuły zostały opublikowane w dziewięciu językach. Od najmłodszych lat zawsze był miłośnikiem sztuki pisania po konsolidacji kariery zawodowej od drugiego semestru 2013 roku. Ma nadzieję, że dzięki swoim pismom przyczyni się do kultury Pernambuco i brazylijskiej, budząc przyjemność czytania u tych, którzy jeszcze nie mają nawyku. Jego misją jest zdobycie serc każdego z czytelników. Oprócz literatury jego głównymi smakami są muzyka, podróże, przyjaciele, rodzina i przyjemność życia. „Dla literatury, równości, braterstwa, sprawiedliwości, godności i honoru człowieka zawsze" jest jego motto.

Nasza pani się pojawiła.

Nasza pani z Aparecida.

Nasza pani Prezentacji
Nasza Lavang.
Nasza dama Lichen
Nasza Lady z Lourdes
Drugi wygląd
Trzecia pozorność
Czwarta Zjawa.
Piąty wygląd
Szósta Zjawa
Siódmy pokaz.
Osiem Aparecida
Dziewiąta pozorność
Dziesiąta pozorność.
Dwunaste pozorne
Trzynaste wygląd
Czternasta pozorność
Piętnaście.
Szesnasta pozorów
Siedemnaście pozorów
Osiemnasta pozorność
Nasza pani Dobrej Pomocy.
Nasza pani nadzieja- 871
Nasza pani z Pellevoisin
Choroba Estela
Pierwsza pozorność
Trzecia pozorność
Czwarta Zjawa.
Piąty wygląd
Szósta Zjawa
Siódmy wygląd
Osiem pozorów
Dziewiąta pozorność
Dziesiąta pozorność

Jedenasty wygląd.
Dwunaste pozorne
Trzynaste wygląd.
Czternasta pozorność.
Ostatni wygląd
Nasza dama z Knock
Nasza pani Dong- Lu
Nasza dama z Qing Yang
Nasza pani Sheshan.

Nasza pani się pojawiła

Barcelos-Portugalia-1702

Był 1702 sierpnia, młody John pastorowa stado na Monte de Castro de Balugães, kiedy wybuchła burza. Szukał schronienia w jaskini w kuli, był zaskoczony, że pojawiła się piękna dama, którą kopnęła w świetle.

Dlaczego jesteś zaskoczony, John?" Kobieta pytała.

„Jestem przerażony, ponieważ nigdy nie widziałem żadnej pozorności", odpowiedział na to, że były niemy, natychmiast uleczony.

"Uspokój się, młody człowieku. Jestem naszą damą. Proszę cię, żebyś wysłał wiadomość twojemu ojcu, że chcę budowę kaplicy w tym miejscu.

„On ma się dobrze. Przekażę ci teraz wiadomość- John sam się przygotował.

„Dziękuję bardzo!" Podziękowała naszej matce.

Młody człowiek biegł w stronę domu pełnym radości. Dla niego to był zaszczyt zostać wybranym jako rzecznik tej świętej tak drogiej społeczności chrześcijańskiej. To było rozsądne, spełnić jego życzenie tak szybko, jak to możliwe.

Przychodził do domu, znalazł ojca spoczywającego na kanapie w salonie Wykorzystał okazję, by zacząć rozmowę.

Ojcze, muszę z tobą porozmawiać".

„Co? Nie byłeś głupi?

„Byłem uzdrowiony". Słyszysz mnie?

"Tak, możesz mówić.

„Chcę złożyć prośbę: chcę, abyście zbudowali kaplicę na cześć naszej pani Aparecida.

Skąd masz ten pomysł, chłopce?

Zaprawdę, to był święty, który poprosił!

„Święty?" Możesz to lepiej wyjaśnić?

Przyszła do mnie, kiedy byłem z moim stadem w Monte De Castro de Balugães. To było oczywiste w twojej prośbie.

"Piłeś? Gdzie widziałeś kiedyś duchy? Wiem, że piłeś, śniłeś i myślałeś, że to wszystko jest prawdziwe.

"Ale tato!

Nie wierzę w to. Koniec rozmowy!

Młody człowiek był zasmucony do końca dnia. Następnego dnia wróciła do stada w tym samym miejscu co wcześniej. Wtedy pojawiła się dziwna dama.

Jak się masz, John?" Wykonywałeś moje rozkazy?

"Tak, moja matka. Jednakże nie było to użyteczne. Mój ojciec nie wierzył w moje słowa.

Jakże to nieczułe z jego strony!" Idź do domu i powtórz moją prośbę. Żeby go przekonać, poprosić go o chleb.

„Dobrze, proszę pani". Zrobię, co każesz.

Chłopiec znowu wrócił do domu. W tej chwili ciekawość przewyższa jego prośbę, ponieważ zazwyczaj nie miała chleba dostępnego w tym dniu. Nawet jeśli, posłuchałby rozkazu świętego.

John zawsze był cichym i zwyczajnym chłopcem, ale po ostatnich wydarzeniach stał się niewytłumaczalnie tajemniczy i oświecony. Ta zmiana została uznana za wspaniałą dzieło Boga w jego życiu.

Kiedy wrócił do domu, znalazł ojca odpoczywającego w tym samym miejscu co wcześniej. Potem znów się zbliżył.

Ojcze, święty znowu pojawił się mi ten człowiek. Prosi o budowę kaplicy.

Znowu ta historia? Nie masz już tego dość?

"Skoro jej nie wierzyłeś, ona mówi: "Daj mi chleb.

„Chleb? Nie mam ze sobą. Jeśli chcesz okruszki, mam trochę w piekarniku.

"Idź po niego.

Wstałeś i poszedłeś sprawdzić. Kiedy otworzył piekarnik, co było jego zaskoczeniem, gdy zobaczył go pełnego chleba.

„Tak mówi nasza matka: tak jak przekształciłem okruszki w chleb, mogę również zamienić twe serce twarde".

O mój Boże i moja matka! Jak głupio nie uwierzyłem. Obiecuję pilnie wypełnić żądania naszej matki.

"Dobrze, mój ojcze!" Napisz do biskupa. On nam pomoże.

„Dobry pomysł.

Które w drodze dochodzenia ich udowodniły. Świątynia Matki Dziewicy została zbudowana, gdzie ten sam chłopak pracował jako Sekstą do końca swoich dni. Z wyglądem w Barcelos, nasza pani stała się specjalnym obrońcą Portugalii.

Nasza pani z Aparecida

Aparecida-Brasie-1717.

Była druga połowa października 1717 roku Pedro Miguel de Almeida Portugalia i Vasconcelos, hrabia Assumar i gubernator kapitana São Paulo i Gold Cucił odwiedzały Guaratinguetá. Aby ich uczcić, niektóre grupy rybaków odpaliły łodzie w Paraíba River, by złapać ryby.

Wśród nich rybacy Domingos Garcia, John Alves i Filipe Pedroso modlili się do Marii Dziewicy prosili o boską pomoc. Było kilka nieudanych prób połowowych, aż w pobliżu Port w Itaguaçu, wyłowili obraz Marii Dziewicy. W późniejszych próbach złapali tyle ryb, że statek ledwo mógł ponieść wagę.

Obraz został złożony w mieszkaniu Filipe Pedroso przez 15 lat od miejsca, w którym otrzymał wizytę wiernych za modlitwę. Było wiele doniesień o cudach, które przyciągały coraz więcej ludzi z wszystkich części kraju. Rozwiązaniem było przeniesienie obrazu do kościoła, a później zbudowano kaplicę, która stała się dzisiejszym bazyliką, czwartą z najbardziej odwiedzaną Marian świątynia na świecie.

16 lipca 1930 roku nasza dama koncepcji Aparecida została ogłoszona patronem Brazylii przez tato Pius XI. 12 października zostało oficjalnie przyjęte na mocy ustawy nr 6802 z dnia 30 czerwca 1980 r. nasza dama Aparecida jest obrońcą wszystkich Brazylijczyków.

Pojawiły się cuda naszej pani.

Cud Świeci"1733.

To była spokojna noc w świątyni, która podłożyła obraz świętego. Bez wyraźnego powodu, dwie świece, które zapaliły to miejsce. Zanim oni mogli je ponownie rozpalić, oni sami wznieciły się przez nich, powodując ogromne podziwu wśród obecnych.

Upadek łańcucha 1850

Niewolnik imieniem Zacarias, przechodzący obok Kościoła, gdzie obraz świętego został poproszony o pozwolenie nadzorcy, aby wszedł do świątyni i modlił się do naszej Pani. Przyznaję, wszedł do sanktuarium i klęka przed obrazem, modląc się bardzo. Zanim zakończy modlitwę, cudownie łańcuchy, które go uwolniły, zostawiając go całkowicie wolnego.

Rycerz

Rycerz, przechodzący przez Aparecida, bardzo sceptyczny od Boga, nabijał się z pielgrzymów, kiedy zobaczył ich wiarę. Chcąc udowodnić swoją hipotezę, obiecał sobie, że pojedzie konno do kościoła. Przed tym, jak osiągnął swój cel, łapa jego konia została złapana w kamieniu schodów Kościoła, powalając go. Potem okazał skruchę i stał się oddanym dziewicy.

Ślepy

Rodzina Vaz mieszkała w Jaboticabal i wszyscy byli bardzo oddani naszej pani z Aparecida. Wśród członków rodziny, najmłodsza dziewczyna była ślepa od urodzenia Wierzyła w naszą damę i jej największym marzeniem było odwiedzenie bazyliki świętego.

Przez pracę Ducha Świętego, rodzina spełniła marzenie dziewczyny w okresie wakacji. Nagle, kiedy doszła do kroków Kościoła, dziewczyna krzyknęła: "Matko, jaka jest piękna ten Kościół!" Od dziś zaczęła widzieć normalnie, zwiększając liczbę cudów przypisanych patronowi Brazylii.

Chłopiec w rzece

Syn i jego ojciec poszli do rzeki, by łowić ryby. To była rutynowa aktywność dla obu z doświadczeniem w tym. Mimo to zdarzył się wypadek: z powodu silnego prądu, chłopiec wpadł do rzeki, który został wciągnięty przez prąd. Desperacko, ojciec prosił o pomoc naszej pani z Aparecida. Natychmiast, prąd uspokoił się, co pozwoliło zbawić chłopca przez ojca.

Mężczyzna i jaguar

Farmer był w drodze do domu po normalnym dniu pracy. W pewnym momencie jaguar okazał się przestraszony i go dopadł. Drogą wyjścia było wezwanie do pomocy naszej pani z Aparecida. Strategia zadziałała, bo jaguar po prostu uciekł.

Nasza pani Prezentacji

Natal-Brasie-1753

21 listopada 1753 roku rybacy znaleźli drewnianą skrzynię na jednej ze skał przy Potengi River Bank. Po otwarciu skrzynki znaleźli obraz naszej pani Rosario, wraz z następującym komunikatem: gdzie ten obraz nie przyniesie nieszczęścia.

Księdza miasta został poinformowany o odkryciu i że ten dzień był dokładnie datą przedstawienia Mary w świątyni w Jerozolimie, obraz został chrzczony jako» Nasza Pani Prezentacja «i ogłosił patrona miasta. Ten dzień jest świętym opiekunem całej północy- Rio Grande do Sul.

Nasza Lavang.

Wietnam 1798

Pod koniec XVIII wieku doszło do sporu między różnymi konkurentami dla tronu wietnamskiego. Wśród nich Nguyen Anh, poprosił o wsparcie katolików i monarchy Francji. Wiedząc o tym, Canh Thin, jego przeciwnik, rozkazał zniszczyć wszystkie katolickie jednostki, które go wspierały.

Drogą dla małej grupy chrześcijan w tym kraju było schronienie w górach między granicami. Jednakże jego przeciwnicy nie spoczywają, by ich zniszczyć. Ponadto cierpieli na głód, zimne, choroby i ataki dzikich zwierząt. W tej ekstremalnej sytuacji pewnego dnia nasza dama pojawiła się grupie ludzi w długiej białej sukience z dzieckiem Jezusem w ramionach i otoczonym przez anioły. Potem skontaktowała się z nimi.

Ja jestem naszą damą! Moje serce jest z tobą w tej trudnej sytuacji Nie zniechęcaj się! Weź liście Lavang, ugotuj je i napij się herbaty. W ten sposób zostaną wyleczeni z ich choroby. Obiecuję również wysłuchać wszystkich modlitw w tym miejscu.

To było napisane, że zniknęło jak dym W tym miejscu, wzniosło prostą kaplicę To był punkt spotkania wiernych, którzy uciekli przed prześladowaniem. W ciągu 100 lat prześladowania religijnego święty pojawił się na tej stronie kilka razy, wydając instrukcje i zachęcając ich. Nasza Lavang stała się specjalnym obrońcą wietnamskich chrześcijan.

Nasza dama Lichen

1850- Polska

W tym czasie rewolucja przejęła Europę i jego żołnierzy. Jak w każdej wojnie, były ogromne straty ludzkie. Możemy wziąć przykład bitwy o narody, w których około 80 tysięcy bojowników zostało rannych.

Wśród tylu żołnierzy, jeden z nich nazywał się Tomasz Klossowski oddany naszemu Panu. Każdej nocy nalegał na prośbę, by nie umierał na obcych ziemiach. W jednej z tych dzikich nocy nieskazitelny pojawił się w złotym szlafroku i białym orłem w dłoni.

Ja jestem naszą damą! Słyszałem twoje modlitwy. Wrócisz do swojego regionu. Kiedy to się stanie, szukaj obrazu jak ja i rozprzestrzeni moje oddanie.

"Dziękuję bardzo, moja matko!" Jestem zadowolony z wiadomości. Zrobię to zgodnie z twoją świętą wolą.

Jestem szczęśliwy, dobry sługa!" Zostawiam ci spokój Dalej, niech ta wojna się skończy.

Niech tak będzie!

Matka nas wszystkich wzrosła przed oczami i wkrótce zniknęła w niebiosa. Cudem, ten sługa został uratowany przed wszelkimi niebezpieczeństwami w bitwach, a na koniec ich wrócił do swojego regionu. W ciągu 24 lat szukał tego obrazu i znalazł go. Umieścił go w swoim domu, a później w kaplicy położonej w pobliskim lesie.

Jednakże pomimo jej wysiłków, oddanie Mary nie stało się popularne w tym regionie, zostawiając obraz opuszczony w lesie. 15 sierpnia 1850 roku święta ujawniła się pastorowi, który przechodził.

Ja jestem naszą damą! Jestem przykro z powodu opuszczenia tego obrazu i zaniepokojenia zła, które skaża świat. Ludzie grzesznie grzeszą, nie myśl o pokutowaniu i zmienianiu życia. To nie potrwa długo, a oni zostaną ukarani przez Boga.

Nagle zginą i nikt ich nie pochowa. Starzy ludzie zginą, dzieci umrą w akcie karmienia przez matki. Chłopcy i dziewczyny zostaną ukarani, małe sieroty będą płakać rodziców. Wtedy będzie długa i straszna wojna.

Czy nie mógłbyś się do Boga wypłakać, aby przynajmniej ułatwił te nieszczęścia?"

„Ja robię to cały czas". Miłosierdzie Ojca Niebieskiego jest niewykonalne i wszystko może zostać zmienione. Kiedy są święci w kraju, można go uratować. Kraj potrzebuje świętych matek. Kocham wasze dobre matki, zawsze będę wam pomagał w każdej potrzebie. Rozumiem ich: byłam matką, bardzo cierpiącą.

"Masz rację. Polska naprawdę ma niezwykłe matki. Jak możemy odwdzięczyć się ich uczuciom?

„Najbardziej doskonałe intencje będą naciskać, wasze matki je łamią. Dają kraj liczne i bohaterskie dzieci. W okresie powszechnego pożaru te dzieci będą porwać wolną ziemię i na swój sposób ich uratują.

„Jestem szczęśliwy. Przynajmniej tyle mogliśmy zrobić.

"To tylko wskazówka z góry lodowej. Zło nie odpoczywa. Przykładem tego jest to, że Szatan zasiał niezgodę między braćmi. Wszystkie rany nie zostaną jeszcze uleczone, a pokolenie nie urośnie do czasu lądu, powietrza, a morza pokrywa się z tak dużo krwi, że aż do dzisiaj nie zostanie ujawnione. Ta ziemia zostanie zapłodniona łzami, popiołem i krew męczenników świętej przyczyny. W sercu kraju młodość zginie na stosie poświęcenia. Niewinne dzieci zginą przez miecz. Ci nowi i niezliczeni męczennicy będą błagać przed tronem boskiej sprawiedliwości, kiedy odbędzie się ostateczna bitwa o duszę narodu, kiedy będzie się osądzona. W ogniu długich prób wiara zostanie oczyszczona, nadzieja nie zniknie, a miłość nie przestanie. Będę szedł między wami, będę cię bronił, pomogę ci dzięki tobie, pomogę światu.

Błogosławiona, moja matka! Możemy mieć nadzieję na szczęśliwe zakończenie tej historii?

„Dla niespodzianki wszystkich narodów, Polski, nadzieja powstanie dla męczącego ludzkości. Wtedy wszystkie serca będą poruszać się z radością, ponieważ nie było tysiąca lat temu. To będzie największy sygnał nadany narodowi, by doszło do rozsądku i pocieszenia. To cię zjednoczy. A w tym nękanym i upokorzonym kraju, wyjątkowe łaski spadną, ponieważ nie było tysiąca lat temu. Młode serca się poruszają. Seminarium i klasztory będą pełne. Polskie serca rozszerzą wiarę na wschód i na zachód, na północ i na południe. Bóg stworzył pokój.

Chwała Bogu!

„Chcę złożyć specjalną prośbę: chcę, aby ludzie zebrali się w modlitwie modląc się do mojego różańca. Podobnie, chcę, by księża świętowali mszę z większym zaangażowaniem. Jeśli chodzi o obraz, proszę, żebyś przeniósł go w odpowiednie miejsce. W przyszłości zbuduje się klasztor i sanktuarium, które mi poświęcono. Ponieważ są tak oddane mojej sprawie, że będę ich osłaniał błogosławieństwem i chwałą. Nic ci nie zrobi.

"Zrobię, co w mojej mocy, moja matka. Możesz odpocząć spokojnie.

"Wiem, dobry sługa. Zostawiam z tobą spokój!

„Dzięki!

Anioły otoczyły naszą damę, noszącą ją przez ramiona. Potem poleciały w kierunku kosmosu. Pastor był przez kilka chwil troskliwy na temat najlepszej strategii, jaką przyjęto w tej sytuacji. Skończył, zdecydował się postępować dokładnie zgodnie z podjętymi krokami.

Czas minął. Pomimo wysiłku, który służył, nikt nie zwracał na niego uwagi. Po jego aresztowaniu sytuacja się pogorszyła. Ludzie rozpoznają wiadomości Matki Boga po epidemii cholery. Tym razem się pokutowali. Ustanowiono również Komisję, której głównym celem było zweryfikowanie prawdopodobieństwa wystąpienia. Konkluzja tego procesu była pozytywna.

Obraz został przeniesiony kilka razy do czasu ostatecznego w siódmym największym Kościołem w Europie, chwałę jego regionu. Z czasem oddanie Matce Boskiej wzrosło w kraju, co sprawiło, że nazwa Mary w całej Europie. Nasza pani Lichen jest specjalnym obrońcą wszystkich Polaków.

Nasza Lady z Lourdes

France"1858
Pierwsza pozorność
11 lutego 1858-A czwartek

Bernadete, jej siostra Marie i przyjaciółka zostali wysłani na pole po suche gałęzie. Zwykle dobrowolnie wykonywali tę pracę, co dało im poczucie przydatności. Podążając do tego zadania, zgodzili się pójść dokładniej, do czasu spotkania wody kanałowej i Gave.

W dokładnym momencie przejścia przez wodę, obok jaskini, dwie firmy Bernardete zaczęły przechodzić przez wodę, podczas gdy te same wątpiły, czy to też mogłoby zrobić. Wyjaśnia to zalecenie medyczne, aby nie brać przeziębienia.

Po pięciu minutach w końcu wziął odwagę i zaczął zdjąć skarpetki. W tym momencie usłyszał hałas podobny do wiatru. Patrząc na przeciwną stronę jaskini, zauważył, że stojące drzewa, które trochę go uspokoiły. Potem wznowił ćwiczenie, żeby zdjąć skarpetki.

Niedługo, potem, gdy podniósł głowę w kierunku jaskini, zobaczył panią ubraną na biało. Według jego opisu, oprócz sukienki, miała biały welon, niebieski pas, róża na każdej stopie i trzymała trzecią. Przestraszyła się, dziewczyna próbowała zabrać trzecią i pokazać znak krzyża, ale nie udało się przy pierwszej próbie. Z odrobiną więcej czasu, stało się bardziej spokojne Udało mu się stworzyć znak krzyża i zaczął modlić się o różaniec.

Przez modlitwę, dziwna dama pozostawała w stanie się zaskoczyć jego oczy Pod koniec tej religijnej aktywności, pozorność wskazywała, że się zbliża Strach jednak go powstrzymał. Rozpoznając delikatność dziewczyny, piękna pani się wyprowadziła i zniknęła w jaskini.

Sama, droga dziewczyna skończyła zdjąć buty. Przekroczył wodę, żeby spotkać się z towarzyszami. Potem zbierali suche gałęzie i zaczęli wracać do domu. Poskutkowała z innymi.

Czy widziałeś coś?"

Nie, nie zrobiłem tego. Widziałeś coś, Marie?" Przyjaciel pytał.

"Ja też tego nie widziałem. Co widziałaś, siostro? „Marie pytała.

Jeśli tego nie widziałeś, to ja też tego nie widziałem, Bernardete powiedział.

Dziwna rozmowa sprawiła, że inne dziewczyny były podejrzane. Więc, w drodze, zadawali mu pytania. Nalegali, że medium nie miał wyboru, ale musi powiedzieć.

„On ma się dobrze. Widziałem kobietę z różańcem w jaskini. Spędziliśmy trochę podziwiając siebie i modliliśmy się różańcem.

„Kto to był, siostro?" Marie pytała.

Nie miałem serca, by zapytać. Strach był bardzo wielki, Bernadette uzasadniony.

"Powinienem był zapytać. Tylko w ten sposób nie będziemy w wątpliwość, zaobserwowaliśmy Marie.

"Interesujące! Szkoda, że nie mieliśmy wizy! "Przyjaciel przepraszał.

Czy ty trzymasz to w tajemnicy?" Bernardete pytała.

„Nie martw się. Nasze usta są jak grób, powiedział przyjaciel.

"Dokładnie! Nikt nie powinien wiedzieć, powiedziała Marie.

Koniec rozmowy, a dziewczyny nadal podążały drogą. Kiedy wrócili do domu, nie dotrzymali obietnicy, opowiadając wszystkim historię o pozorności. To było krótkie, historia pierwszego pojawienia się.

Drugi wygląd

14 lutego 1858, niedziela

Wracając do tego samego miejsca w towarzystwie innych dziewczyn, Bernardete wzięła ze sobą butelkę świętej wody. Odważnie, weszli do groty i zaczęli się modlić. Na samym początku tej aktywności, dziwna kobieta znów pojawiła się w wizji.

Instynktownie, jasnowidz zaczął rzucać świętą wodą, żeby się pokazać:

Jeśli pochodzicie od Boga, to zostańcie! Jeśli nie, odejdź.

Wizja uśmiechnęła się i kiwnęła bez słowa, co dodało do dramatu sytuacji. W końcu, kim była i czego szukała? Woda święcona została w niej wlana do końca. Kiedy różaniec zostanie ukończona, kobieta zaginęła tajemniczo. Z tym grupa młodych ludzi wróciła do swoich domów.

Trzecia pozorność

18 lutego 1858, jeden czwartek

Wracając do miejsca, z ludźmi należącymi do elity, prorokiem wziął tusz i papier, za radą niektórych. Na początku modlitwy różańca pojawiła się kobieta Pierwszy kontakt, został nawiązany.

Jeśli macie coś do powiedzenia, powiedzcie, że będę robił notatki, «Bernadette powiedziała.

„Nie ma potrzeby pisać tego, co mam do powiedzenia". Czy chcesz, żeby łaska odwiedziła mnie tu przez 15 dni?

Powiedział sługa Boga.

"Cieszę się z twojej decyzji. Kontynuuj modlitwę z wielką wiarą. Zawsze będę cię błogosławić, powiedział to, co się stało.

„Amen," mała dziewczynka chciała.

Kontynuowali modlitwę różańca i na końcu jego wizja znów zniknęła. Tajemnica pozostała, a potem ci w jaskini wrócili do domu.

Czwarta Zjawa

19 lutego 1858, piątek

Wróżka i sześciu przyjaciół weszli do jaskini, szukając tajemniczej kobiety, Kiedy zaczyna się modlitwa trzeciego ptaka, od trzeciej Marii, widok dziwnej kobiety jest oczywisty i trwa około 30 minut. Wystarczy, że przekaże tajne wytyczne oddania. Kiedy różaniec zostanie ukończony, tajemniczo znika. Zgodnie z umową prorok i przyjaciele obiecują wrócić następnego dnia.

Piąty wygląd

20 lutego 1858

Wkrótce Bernadette i trzydzieści innych świadków przybyli do jaskini. Jak tylko zaczęły się modlitwy, dama nieba ujawniła się, że jest sługą. Lekcją dnia była dać mu modlitwę, która powinna być trzymana w tajemnicy. Po zakończeniu tego zadania pożegnali się. Kolejny dzień został osiągnięty.

Szósta Zjawa

21 lutego 1858

Bernadette wróciła do jaskini z warunkiem stu osób. O siódmej rano, wspaniała pani przedstawiła się:

"Dzień dobry! Niech pokój będzie z tobą!

Niech tak będzie. Co chcesz na dzisiaj?

Przyszedłem doradzić wam, abyście byli na drodze!" W szczególności módlcie się za grzeszników.

"Zrobię To, Ale czasami ludzie są tacy nieuprzejmi i nieczuli.

„To prawda. Bóg może jednak zrobić wszystko. Prosi o współpracę.

„Czuję się wdzięczny za to zaproszenie". Nie chcę niczego w zamian za to.

Nie chcecie, lecz Bóg wam go da!" Obiecuję ci szczęście.

„Tutaj? W tym morzu zła?

Obiecuję wam bezpieczeństwo i pokój na ziemi. Szczęście zostanie osiągnięte w niebiosach.

Niech to zostanie mi uczynione według waszych słów!"

„Amen! Pokój i dobry! Muszę już iść.

"Idź w pokoju!

Zaginięcie w ciemność jaskini, oświecony jeden zostawił sługę, by się modlić. Z pewnością, bardziej błogosławieństwo zostanie wysłane przez to, że jest to jasne.

Opuszczając jaskinię z tłumem, wróżka zaczęła wracać do domu. W tym momencie w historii zjawiska były znane już wielu ludziom, co generowało coraz więcej plotek.

Jednym z tych, którzy się o tym dowiedzieli, był delegat miasta Dominique Jacomet, Był brutalnym człowiekiem, który nie uwierzył religii, starał się o porządek publiczny konsekwencje tych pozorów, były tak silne, że został zmuszony do zbadania sprawy. Z tym, jasnowidz został wezwany do zeznawania.

Jako obywatel wypełniający swoje obowiązki, odpowiedziała na wezwania, wiedząc, że nie ma się czego bać. Tego samego dnia odwiedziła oficera w pracy. Zbierając się w prywatnym pokoju, zaczęła być przesłuchiwana.

Pani! Wezwałam panią, aby wyjaśnić. Jest znany w całej społeczności prawdopodobnych zjawisk. Co o tym sądzisz? Delegat pytał.

Jestem zaszczycony, że zostałem wybrany przez siły niebios. Nie powiększa mnie ani niezazdrośni. Jestem tylko częścią większego planu, odpowiedział na wywiad.

„Co? Próbujesz mnie przekonać, że to prawda? Wkrótce?

Nie dziwię się, że w to wierzę. W końcu Bóg może zrobić wszystko.

"Głupstwo! Nie wierzę we wróżki, gobliny, czy nawet duchy! Nie wystarczy mi, żebym się martwił o procesy? Czy będę musiał się teraz zająć obcymi?

» To nie jest wyzwolenie. «I tylko działanie Boga!

"On przybywa! Już wyciągnąłem własne wnioski! Od teraz, zakazuję ci wracać do jaskini.

"A co ja czynię niesprawiedliwym?"

Nie chcę, żeby stała się czymś większym. Idź do domu i posłuchaj.

"Szanuję pański autorytet, ale nie mogę tego obiecać.

"Jesteś ostrzeżony! Jeśli nalegasz, będziesz musiał ponieść konsekwencje. Zamknięte!

Bernadete opuścił pokój i posterunek. Publiczność z zastępcą sprawiła, że stał się niespokojny. Jednak nosił w klatce piersiowej pewność, że żaden człowiek nie może być większy od Boga. Pomyślałbym o tym. Przychodząc do domu i rozmawiając o rozmowie z zastępcą, ojciec odsunął ją od niej mocno, zakazując dostępu do jaskini. Młoda kobieta pękła w łez, bo wiedziała, że wszystko będzie trudniejsze, odnosi się do jej pretensji.

Siódmy pokaz

22 lutego 1858.

Delegat był przekonany o swojej decyzji. Celem wykonywania rozkazów, wysłał żołnierzy do jaskini. Chociaż to było zakazane, odważna dziewczyna nalegała na obietnicę złożoną Bogu. Niesamowicie, przeciwnicy nie wiedzieli o jej obecności i może wejść do tego świętego miejsca. Jak zwykle modlił się niskim głosem. Jednakże nic się nie stało. Tym razem nie przyjechała wizyta. Wracając do miasta, dowiedział się o zawieszeniu zakazu. To było osobiste zwycięstwo Chrystusa przeciwko Szatanowi.

Osiem Aparecida

24 lutego 1858

To była ciepła i spokojna środa. Blisko jaskini, było około 300 osób. Antychryst krzyczał przeciwko tłumowi.

„Jak to możliwe, że w środku XIX wieku jest jeszcze tylu idiotów?"

W odpowiedzi Poświęceni marianie śpiewali piosenki na cześć Dziewicy. Bernadette jest zachwycona przez kilka chwil. Zwykle w tych czasach dostajesz wiadomości. Odnośnie do tłumu, /uczciwa kobieta woła:

» Podwój, pokuta, pokuta! «Módl się do Boga za przekształcenie grzeszników!

W łzach tłum obiecał spełnić żądanie. Mroczne siły przegrały kolejną bitwę przeciwko potędze naszej Pani. Postać jej nadepnięcia na węża oznacza nadzieję pokornych w Bogu. Błogosławiona niech będzie nasza matka!

Dziewiąta pozorność

25 lutego 1858

Prorokiem i 300 ludzi jest blisko jaskini, kiedy pojawia się zjawa.

Dzień dobry, mój ukochany przyjacielu. Dziś masz iść do źródła i się umyć. Zjesz trawę, która tam jest.

"Zrobię to teraz," powiedział drogi sługa.

Jasnowidz zrobił to, co prosił święty. Wizja zniknęła, a młoda kobieta została zmuszona do porzucenia dnia pracy. Przed tłumem, który czekał niespokojnie, zapytali:

Czy wiesz, kto myśli, że szalejesz za tymi rzeczami?"

Zaprawdę, jest on dla grzeszników!" Odpowiada słynnym oddanym!

Przy zamknięciu sprawy, każdy wrócił do swoich domów.

Dziesiąta pozorność.

27 lutego 1858.

Około ośmiu stu osób uczestniczy w tym występie. Bernadette pije wodę święconą, dziwna kobieta widzi to wszystko w ciszy.

Jedenasty wygląd.

28 lutego 1858.

Widownia codziennie rośnie. Teraz jest, widzi patrzących na widzenie, jak widzi, jak widzi, modląc się, całując ziemię i na kolana jako oznaka moralności. Ze względu na konsekwencje tych działań, jest ona porwana przed sędzią, a to samo grozi więzieniem. Znowu siły ciemności próbowały uniknąć ścieżki tego ucznia Chrystusa.

Dwunaste pozorne

1 marca 1858

Sława widoków coraz bardziej rosła. W rezultacie publiczność tego dnia przekroczyła pięć tysięcy osób. Ten sam rytuał, co poprzednio, z mocą światła towarzyszącą wszystkim. /Przy wyjeździe, Catarina Latapie, /przyjaciółka prorokiem,

/poszła do jaskini, /wierząc w cudowną moc fontanny, która tam jest. Zmoczyć chorobę ramienia, ramię i ręka są tajemniczo uzdrowione, co powoduje powrót ruchów. Był dowód, że Bóg pracował w tym miejscu.

Trzynaste wygląd

2 marca 1858

Tłum znacznie wzrasta. Jak tylko zacznie się łańcuch modlitw, pojawi się pani.

Dzień dobry, mój najdroższy przyjacielu. Mam dziś prośbę: powiesz księżom, żeby przyszli tu w procesji i zbudowali kaplicę.

"Dzień dobry! Przekażę wiadomość.

Przenosząc się do grupy księży, kontaktuje się.

„Pani, która mi się wydaje, prosi, by zorganizowali procesję do tego miejsca i aby zbudowano kaplicę.

„Żądam za to dwóch rzeczy: Chcę znać imię tej pani i zobaczyć cud. Nie uwierzę, dopóki rosa krzak róży nie rozkwitnie" Peyramale odpowiedziała.

„Przekażę twoje żądania, drogi księdzu," Bernadette się zgodziła.

Wracając do pozorów, prosi, ale wizja pozostaje cicha. Niedługo po tym, znika, smutno wszystkich widowni. Jeszcze nie skończył.

Czternasta pozorność

3 marca 1858

Rano, widzący przychodzi do jaskini, wraz z około 3000 osób. Chociaż wszystkie rytualne kroki zostały podważone do listu, wizja nie wydaje się trochę frustrująca u ludzi. Później, widzący otrzymał wiadomość od kobiety, która prosiła o powrót do jaskini. Znowu się objawia. Zgodnie z prośbą księdza młoda kobieta zadaje to samo pytanie, co zawsze. W odpowiedzi on się uśmiecha. Kiedy opuści jaskinię, wraca do kontaktu z księdzem, który powtarza jego żądanie: "Jeśli naprawdę chce kaplicy, niech powie jej imię i sprawi, że róża krzak wita w środku zimy".

Młoda kobieta wraca do domu pełnym nadziei, że spełni ten cud. W końcu Bóg nie ma nic niemożliwego.

Piętnaście.

4 marca 1858.

Tłum rośnie znacznie: teraz osiem tysięcy ludzi szuka osobistej odpowiedzi na ośmioro tysięcy osób. Wbrew wszelkim oczekiwaniom, kobieta milczy w obliczu wszystkich pytań. Tajemnica otaczająca się postać stała się coraz większa. Przez 20 dni Bernadette nie wraca do jaskini.

Szesnasta pozorów

25 marca 1858

Był to spokojny i ciepły poranek, kiedy dziewczyna znowu weszła do jaskini. Jak zwykle zaczął mówić różaniec. W tym pojawił się oświecony.

„Znów tu jestem. Miej wiarę w Boga i mnie. Nazywam się Nieakuratne Koncepcja.

„Wierzę w to, co jest w pełni wiary!" Przekażę wiadomość księżom.

Uciekając szczęśliwie, sługa Boga powiedziała księży, co się stało. Są pod wrażeniem; dlatego tytuł» Nieakuratne Odzyskanie «został uznany za honor dla naszej pani i uznany za dogmat. Dlatego zagadka została rozwiązana.

Siedemnaście pozorów

7 kwietnia 1858

Przed tłumem Bernadette zapala świeczkę. Jego dłoń była spłonienia w płomieniach podczas tego procesu. Pod koniec tego aktu stwierdzono, że nie cierpiała na żadne oparzenia, zwiększając listę cudów Nieakuratnej Dziewicy.

Osiemnasta pozorność

Dostęp do jaskini był zakazany dla nieszczęścia wszystkich wiernych naszej Pani. Bernadette używa innej drogi, by zbliżyć się do miejsca. Jego wizja jest o Pannie Góry Karmel, macha na pożegnanie. W ten sposób zakończono ten cykl pozorów.

Wnioski

Cztery lata później, wizje były autentyczne. Wtedy weszła do zgromadzenia córki charytatywnej, gdzie została do śmierci. Jego kanonizacja miała miejsce 8 grudnia 1933 roku.

Nasza pani Dobrej Pomocy

9 października 1859.

Mistrz Wisconsin-USA

Adele i inni sąsiedzi przynieśli pszenicę z Mistrza W pewnym momencie, była zaskoczona wyglądem kobiety stojącej między dwoma drzewami. Pani nosiła białe szaty, jej ciemne, głębokie oczy napełnione na młodą kobietę. Nasi ludzie w bojach myśleli o tym, co powinna zrobić, dopóki wizja po prostu nie zniknęła. Potem wróciła do klasztoru.

Później, przejeżdżając przez to samo miejsce, znów zobaczył obraz. Po przybyciu do klasztoru wciąż przerażona ujawniła sekret osobistemu spowiednikowi:

Ojcze, kobieta pojawiła się dwa razy. Co mam zrobić?

„Skontaktuj się z nią". Jeśli jesteś z nieba, to cię nie skrzywdzi.

On jest zdrowy!

Po jego radach zakonnica wróciła na miejsce pozorów. Jak się spodziewałam, wydawał się tej samej pani. Spokojnie, przesłuchiwała wizję.

"Kto to? A czego ode mnie chcesz?

Ja jestem Królową Niebios, która modli się o przekształcenie grzeszników, i chcę, abyś uczynił to samo. Otrzymałeś dziś rano Świętą Komunię i masz się dobrze. Ale musisz zrobić więcej. Powiadom ogólne zeznanie i zaoferuj Komunię w zamian grzeszników. Jeśli oni nie nawrócą się i nie poddają pokuty, mój syn będzie musiał ich ukarać. Szczęśliwi są ci, którzy wierzą, nie widząc. Co tu robisz w bezczynności, kiedy twoi towarzysze pracują w winnicy mojego syna? Zbierzcie dzieci tego dzikiego kraju i nauczcie ich tego, co muszą wiedzieć o zbawieniu. Naucz katechizmu, jak zrobić znak krzyża i zbliżyć się do Sakramentów. Oto co chcę, żebyś zrobił. Idź i nie bój się. Pomogę.

Jestem zaszczycony, że wypełniłem tak wspaniałą misję!" Błogosławione między kobietami!

Błogosławiony niech Bóg błogosławi!"

"Zrobię, co każesz.

Bądź więc spokojny!" Możemy połączyć nasze siły, aby więcej grzeszników zostało nawróconych! Nie chcę stracić żadnego z tych maluchów.

Ja też nie! Dziękuję, moja matka.

Nie ma za co, córko.

To było napisane, że Madame wzrosła, pójdzie do aniołów w niebie. To był kolejny z zapisanych zjawisk, mających na celu największą chwałę. Błogosławiona niech będzie nasza matka.

Nasza pani nadzieja - 871

O 18 stycznia Eugênio Barbeie... opiekował się swoim młodszym bratem. W tej chwili przybył sąsiad o imieniu Joana Details. Przyszła trochę porozmawiać i tęsknić za przyjaciółmi. Po przerwaniu obowiązków Eugênio chciał wyjść na chwilę i to zrobił.

W tej chwili był zaskoczony, że kobieta pływa kilka metrów nad sąsiednim domem. Piękna kobieta błyszczała jak słońce. Jego ubranie było niebieskie ozdobione błyszczącymi gwiazdami, a jego pary były niebieskie ze złotymi klamrami. Ponadto nosił czarny welon ostrożnie wypełniony złotą koroną na głowie.

Chłopak podziwiał figurę przez jakiś czas. Niedługo po tym sąsiad wyszedł na zewnątrz i wykorzystał sytuację, by z nią porozmawiać.

"Joan, czy nie widzisz niczego w sklepie dymnym?" Dziecko pytało, wskazywało na widok palca wskazującego na widok.

"Nic nie widzę, synu. Powiedział sąsiad.

W tym rodzice chłopca też odchodzą, ale nic nie widzą. Młodszy chłopiec widzi ten sam obraz Inni nie, wierzą w swoje wersje i zmuszają do wejścia do domu na kolację Później, dostanie licencję na wyjazd. Znów była wizja i są zdumieni.

Wiadomości o zjawisku podróżowały przez wioskę i wkrótce przynajmniej wielu ludzi dołączyło. Wśród nich tylko dwóch studentów z klasztoru może opisać wizję. Ksiądz namawiał innych do modlitw i śpiewania piosenek. Z tym zdarzyły się fakty. Minęły trzy godziny, zanim wzrok zniknął. Oto przekazywane w tej chwili jest następujący: "Lecz módlcie się, moje dzieci! Bóg odpowie wam wkrótce. Mój syn zostanie przeniesiony!"

Nasza pani z Pellevoisin

Pellevoisin – Francja – 1876
Trochę o medium
Estela Faguette urodziła się 12 września 1839 roku. W wieku 11 lat stało się coś niezwykłego, że społeczność wybrała ją, by nosić banner naszej damy w pamięci dogmatu Nieakuratnego Koncepcji. To była wyjątkowa chwila, która dała mu radość i bliższe relacje z matką Boga.

Trzy lata później została zmuszona do przeprowadzki do Paryża, szukając lepszego życia dla jej rodziny. W tym czasie zaczął uczestniczyć w klasztorze, który dojrzewa jego oddanie Mary. Lubi środowisko tak bardzo, że zaczyna proces integracji religijnej. Przez trzy kolejne lata wykonywał dobrą robotę kazania, także pomagając najbardziej potrzebującym. Pod koniec tego czasu, jest zmuszona opuścić swoje życie religijne i iść do pracy z rodziną, by pomóc rodzicom.

W sezonie gorącym sezonie ich szefowie przeprowadzają się do domku letniego, znajdującego się niedaleko Pellevoisin. Estela i jej rodzice towarzyszą im.

Choroba Estela

Estela jest poważnie chora. Bliżej córki, krewni pokojówki zapewniają teraz niezbędne wsparcie emocjonalne. Jego zdrowie jest tak delikatne, że jego pracodawcy kupują ziemię na cmentarzu miasta 14 lutego, jego lekarz osobisty daje mu ultimatum: zostało mu tylko kilka godzin życia W tej okazji dziewczyna, zrezygnowała z siebie Przynajmniej, czuje się wspierana przez rodziców.

Przeklęte choroby, które zadają mu cierpienie, to: gruźlica płucna, ostre zapalenie otrzewnej i guzy brzucha. Miesiące wcześniej, przeniesiona przez ostatnią nadzieję na wyleczenie, napisała list adresowany do Marii Dziewicy, który wysłał do jaskini poświęconej naszej Lady Lourdes. Oto treść pisma:

O, o mój Boże! Oto jestem znowu wybijany u twych stóp! Nie możesz odmówić usłyszenia mnie. Nie zapomniałeś, że jestem twoją córką, że cię kocham. Podziękuj mi więc za wasz boski syn, zdrowie ciała, dla waszej chwały.

"Popatrz na ból moich rodziców, wiesz, że oni nie mają nic poza mną jako zasobów. Czy nie będę w stanie dokończyć pracy, którą zacząłem? Jeśli nie, dzięki moim grzechom, zdobądź lek, przynajmniej zdobądź trochę siły, bym mógł zasłużyć na życie rodziców i na to, co ja. Widzisz, moja droga, oni są blisko, musząc błagać o chleb, nie mogę o tym myśleć bez bycia głęboko zdenerwowanym.

Pamiętajcie o cierpieniach, które poniosłeś w noc narodzin Zbawiciela, kiedy zostaliście zmuszeni do wyjścia od drzwi do drzwi, prosić o azyl! Pamiętajcie, co cierpieliście, kiedy Jezus został umieszczony na Krzyżu! Wierzę w ciebie, moja dobrą matko, jeśli chcesz, twój syn może mnie uleczyć. Wie, że bardzo chciałam być wśród jego żon i że to miłe, że poświęciłam swoje życie dla mojej rodziny, która mnie tak bardzo potrzebuje.

"Pożądaj słuchać moich rozkazów, moja droga matko i przekazać je twojemu boskiemu synowi. Niech mi odda moje zdrowie, jeśli mu się spodoba, ale niech będzie wola jego, a nie moja. Pozwól mi, chociaż złożyć rezygnację dla twych projektów i niech to służy moim zbawieniu i mojemu rodzicom. Masz moje serce, Święta Dziewico, zawsze je trzymaj i pozwól, by to było przyrzeczenie mojej miłości i uznania za twoją dobroć matki. Obiecuję ci, moja droga matko, jeśli przyznasz mi łaski, o które cię proszę, aby osiągnąć wszystko, co zależy ode mnie dla twojej chwały i twojego boskiego syna.

"Weź moją siostrzenicę pod swoją ochronę i chroń ją przed złymi przykładami. Uczyń się, O Święty Dziewico, naśladuj cię w posłuszeństwie i pewnego dnia będę z tobą, Jezusie, na wieczność.»

Odpowiedź na ten list rozpoczęła się sekwencja zjawisk uznanych za autentyczną przez społeczność chrześcijańską.

Pierwsza pozorność

14 lutego 1876

Jest noc 14 lutego 1876 roku, sługa Boga jest w bardzo delikatnym momencie. Około północy, kilka cyfr pojawia się na krawędzi jego łóżka. Podążaj za opisem tego, kto widzi: "Nagle, diabeł pojawił się pod moim łóżkiem. "Nie! Jak bardzo się bałem. To było straszne, robiłem miny, kiedy Dziewica pojawiła się po drugiej stronie łóżka „.

W tym rozpoczął się dialog między nimi:

"Co tu robisz? Nie widzisz, że Estela jest ubrana w moją wątróbkę?

Przyszedłem, bo chcę was widzieć w ostatnich chwilach!" To daje mi wiele przyjemności, szatan powiedział sarkazm.

"Potwór! Dlaczego tak się zachowujesz?" Pokojówka pytała.

Ponieważ jestem diabłem, dlaczego jajami!" Odpowiedział szatanowi.

"Uspokój się, moja córko Nie bój się tego potwora, Mary pytała.

„Jestem zdecydowanie przekonany, że nic mi nie będzie," powiedział pacjent.

"To dobrze! „Mary była zadowolona".

Dane znikają w ciemności nocy bez dalszego wyjaśnienia. To było pierwsze doświadczenie duchowe tej umierającej kobiety.

Drugi wygląd.

14 lutego 1876.

Tej samej nocy, o świcie, Dziewica pojawia się ze zmartwionym i ostrożnym spojrzeniem w stronę służącej.

Jestem tu, moja córko! Chcę cię trzymać w ramionach w obliczu twojej delikatności, ogłosić nieskazitelność.

„Dziękuję, moja matko!" Jednakże nadal jestem bardzo zaniepokojony grzechami, które popełniłem w przeszłości i że w moich oczach były lekkie wady" pochwaliły pacjenta.

"Kilka dobrych uczynków i kilka dzikich modlitw, które do mnie zwróciłeś, dotknęło serca mojej matki, jestem pełen miłosierdzia — ujawnił naszą matkę.

"Te słowa uspokajają mnie," powiedział chrześcijanin.

Na szczęście! Mam trzy wiadomości, które muszę wam przekazać: przez pięć kolejnych dni, spotkam się z wami; w sobotę zginiecie lub uleczeni; jeśli mój syn da ci swoje życie, opublikujesz moją chwałę," powiedziała Mary.

"Jestem wzruszony! Błagam, żebyś mi powiedział, czy mam być uzdrowiony, czy nie, oddany Mary prosił o szczerość.

„Zgadzam się". Otrzymałem twój list i mówię, że zostanie wyleczony!"

Chwała Bogu i błogosławiona jesteś między kobietami!" Nie wiem, jak ci dziękować za taką łaskę.

"Czyń dobro i jesteśmy już nagrodzeni." Weź ten ciężki okres jako test.

"Posłucham twojej rady", obiecała Estela.

„Jestem szczęśliwy. Idź spać, córko.

To było napisane, że matka Boga zniknęła w środku nocy. Zmęczona, umierająca kobieta zasnęła, czując się trochę lepiej. Następnego dnia byłby kolejny czas testowania i oczyszczania duszy.

Trzecia pozornoość

15 lutego 1876

Estela pomyślała o wszystkich wydarzeniach, które miały miejsce w jej krótkim życiu. Jej istnienie było zbieranie dobrych i złych rzeczy z przeważającą dominacją dobrych faktów. Wtedy pomyślał: "Dlaczego nie umrzeć w stanie łaski?"

Jak tylko dziewica pojawiła się przy łóżku, postanowiła się temu wyzwać.

"Dobranoc, moja córko." Tak lepiej? Dziewica pytała.

„Trochę lepiej. Moja matka, z całym szacunkiem, jeśli miałabym wybór, chciałbym umrzeć, gdy jestem dobrze przygotowana, zapytała umierającą kobietę.

"Niewdzięczny! Jeśli mój syn odda ci twoje zdrowie, to potrzebujesz tego. Jeśli mój syn pozwolił sobie na dotykanie, to przez twoją rezygnację i cierpliwość. Nie traćcie owoców z powodu waszego wyboru — uznajcie to za niesprawiedliwe.

„Bardzo przepraszam. Nie znam projektów ojca Przyjmuję rezygnację, aby kontynuować misję". Służąca się zdegradowała.

"Cieszę się, że o tym pomyślałeś." Zostawiam z tobą spokój i szczęście. Poprawa!

To było napisane, że Mary zniknęła całkowicie. Fala satysfakcji i radości wypełniła ducha Estela. Musiała się wiele nauczyć.

Czwarta Zjawa

16 lutego 1876.

Poświęcona Maryna poprawiła zdrowie od czasu jej ostatniego pozoru. Ciało i umysł reagowały mało w obliczu bardzo niebezpiecznej choroby. Kto jest jak Bóg? Dla niego nic nie jest niemożliwe. Czuję się zadowolony, ten sługa nadal przyjmował wizyty od Świętej Marii Dziewicy.

W noc odpowiedniego dnia usiadła koło łóżka i znowu się skontaktowała.

"Moja Błogosławiona Dziewico, dlaczego mnie posłuchałaś, biedny grzesznik?" Zapytał Estela.

"Wyjaśnię to." Te kilka dobrych czynów i trochę pożądanych modlitw, które mi poświęciłeś, dotknęły serca mojej matki, między innymi, ten mały list, który napisałeś do mnie we wrześniu 1875 roku. Są blisko błagania o chleb. Pamiętaj, że cierpiałeś, kiedy Jezus został umieszczony na Krzyżu. Pokazałem ten list mojemu synowi, który ujawnił Mary.

I co powiedział? "Ciekawie Estela".

"To by cię uleczyło." W zamian wy powinniście opublikować moją chwałę!" Potwierdził Matkę Boga.

"Ale jak mam to zrobić?" Nie jestem wielką rzeczą, nie wiem jak, mogłam to zrobić. Służąca Mary była w wątpliwość.

"Oświecę cię." Każda rzecz w swoim czasie. Odpocznij, moja córka — zaleciła Oświeconego.

„Racja. Jeszcze raz dziękuję młodej kobiecie.

Znów była sama z duchami. Przyszłość wyglądała świetnie i obiecująco.

Piąty wygląd

17 lutego 1876

To była zwykła noc jak każda inna. Nagle pojawiła się postać Mary, zbliżając się do jej zwykłego uśmiechu.

"Jestem tu, by przypomnieć ci o twoich zobowiązaniach, skoro jesteś trochę lepszy", Mary powiedziała.

"Jak tylko się poprawię, obiecuję wypełnić ich wszystkich," służący zapewnił ją.

„Jestem szczęśliwy. Czy chcesz być moim wiernym oddanym?" Mary pytała.

„Co mam zrobić? Zapytał Estela.

"Jeśli chcesz mi służyć bądź prosty i pozwól, by twoje czyny udowodniły twoje słowa", powiedział święty.

"A jeśli przeniosę się gdzieś indziej?" "Poświęcony przesłuchał."

"Gdziekolwiek jesteś, cokolwiek robisz, możesz zasłużyć na błogosławieństwo i ogłaszać moją chwałę," powiedziała Mary.

Przerwanie, matka Boga była trochę zasmucona, a potem kontynuowała:

Najbardziej smutno mi, że ludzie nie mają szacunku dla mojego syna w Eucharystię i sposób, w jaki ludzie modlą się, gdy ich umysły są na innych rzeczach Mówię to tym, którzy udają bogów.

"Czy mogę natychmiast ogłosić twoją chwałę?" "Estela pytała.

„Tak! Tak, ale najpierw zapytaj swojego doradcę, co myśli. Będziesz napotkał przeszkody, zostaniesz sprowokowany i ludzie powiedzą, że jesteś szalony. Nie zapomogę — powiedział. Bądź wierny mnie, a ja ci pomogę — powiedział Dziewica.

Nieprawidłowość zniknęła jak dym. Nastąpił okres pobudzenia, cierpienia i bólu pacjenta. Dokładnie o 12:30 poczuł się lepiej. Wieczorem, jego spowiednik ujawnił pozory. Postępując za jej radą, uczestniczyła w późniejszej mszy, gdzie była całkowicie uleczona. Błogosławiona niech będzie nasza święta Matko!

Szósta Zjawa

1 lipca 1876 roku

Estela wznowiła normalne działanie. W szczególności byłem zaangażowany w promowanie oddania naszej pani jako formy wdzięczności za jej leczenie. W tej aktywności czuł się szczęśliwy, spełniony i nieopisany pokój.

Po normalnym dniu pracy ten sługa został zebrany w jej pokoju w modlitwie. Około 10:00 w nocy dziewica pojawiła się otoczona przez światło.

"Bądź spokojna, moja córko, cierpliwość, będzie dla ciebie trudno, ale jestem z tobą", Oświecony Jeden zapewniony.

Oddany sługa była w takim stanie, że nie była w stanie odpowiedzieć. Matka Boga została tam przez chwilę i kiedy pożegnał się ze słowami:

"Odwaga, muszę wrócić.

Podejście do nieba, Mary go pobłogosławiła. Pokojówka myślała o wszystkich wydarzeniach. Później poddał się zmęczeniu, idąc spać.

Siódmy wygląd

2 lipca 1876

Dni były bardzo zajęte dla tego słodkiego młodego człowieka, Chociaż zawsze była zajęta swoimi obowiązkami, myślała o pozorach i o tym, co reprezentowali w jej życiu Nie, czekał, aż przyjdzie noc i odnajdzie ukochaną matkę.

O 10:30 poszedł do łóżka, mając nadzieję, że zobaczymy kolejną paranormalną wizję. Chociaż była tak zmęczona, że zasnęła. Godzinę później obudził się i powiedział, że to, co zwykle modlitwa. Wtedy znów został odwiedzony przez matkę Boga.

"Jestem zadowolony z twojej pracy." Przez was wielu grzeszników zostanie przekształconych w nowe życie. Dalej, mój syn wygrał więcej dusz, które poświęciły mu się głębiej. Jego serce jest tak pełne miłości do mego serca, że nigdy nie może mi odmówić. Dla mnie dotknie i zmięknie najtwardsze serca, zwierzył Marię Dziewicę.

"Proszę cię o znak." Moja dobrą matką, proszę, dla twej chwały," poprosiła służącego.

"Czy twoje uzdrowienie nie jest wielkim dowodem mojej mocy?" Przyszedłem specjalnie po to, by ratować grzeszników!" Powiedziała Mary.

"Tak, to prawda, moja matka" zgodziła się na oddanie.

"O cudach, niech ludzie to zobaczą", stwierdziła Mary.

To było powiedziane, że oświecony zniknął bez dalszego wyjaśnienia. Dzisiejsza robota została wykonana. Wyczerpany, sługa bożego znów zasnął.

Osiem pozorów

3 lipca 1876

Pokojówka Mary była w pokoju, kiedy ponownie otrzymała wizytę królowej nieba. Tym razem była tak piękna, jak kiedyś.

"Chcę, żebyś była spokojniejsza, spokojniejsza, nie powiedziałam, kiedy wrócę, ale musisz odpocząć", dziewica go nakrzyczała.

Zanim służba Mary mogłaby odpowiedzieć i pokazać, jak się czuła przed przedstawieniem wielkiej misji, dziewica uśmiechnęła się do niej i zakończyła:

"Przyszedłem zakończyć przyjęcie."

Wzrok wyparował. Każda z tych wizji tworzyła ciekawy film dla całej społeczności katolickiej. To był zaszczyt dla tej młodej dziewczyny być protagonistą tych wszystkich objawień. Dlatego kontynuował swoją pracę.

Dziewiąta pozorność

9 września 1876

Nasza ukochana przyjaciółka, służąca, modliła się różaniec w pokoju, kiedy znów zobaczyła wizję. Nasza pani pojawiła się na postaci pięknej kobiety. Rozglądając się, okazanie znalezione:

"Pozbawiłeś mnie mojej wizyty 15 sierpnia, bo nie byłeś wystarczająco spokojny." Masz prawdziwą francuską postać: chcą wiedzieć wszystko, zanim się dowiedzą i zrozumieją wszystko, zanim się o tym dowiedzą. Mogłem wrócić, pozbawiłeś mnie mojej wizyty, bo czekałem na akt złożenia i posłuszeństwa od ciebie.

"Nie czułem się gotowy." Lepiej późno niż wcale, prawda? Służący pytał.

"Tak, masz rację. Opiekuj się moją owcą, polecił Dziewicę.

To było powiedziane, że spojrzał w niebo i zniknął natychmiast. Jej godny oddany cieszył się z tego spotkania po tak długim czasie.

Dziesiąta pozorność

10 września 1876

Tego dnia matka Boga pojawiła się w tym samym czasie w tym samym czasie Było tylko kilka chwil, kiedy została w pokoju, żeby powiedzieć:

„Muszą się modlić. Dam ci przykład.

W następnej chwili złożyła ręce do kupy i pomachała na pożegnanie. Potem pokojówka poszła odpoczywać od długich prac przez cały dzień. Jednakże była zadowolona z wyników jej wysiłków.

Jedenasty wygląd

15 września 1876.

Minęło pięć długich dni, kiedy widz był w wewnętrznym odwrocie duchowym. Rozpoznawanie pracy i religijnego życia, młoda kobieta czuła się całkowicie spełniona w swoich celach. Ale wydawało się, że w jego życiu był blok. To przez to, że Dziewica znowu mu się pojawiła.

Jak zawsze, miał wizję w momencie odbicia i modlitwy w pokoju. Oświecona Mary okazała smutną i zmartwioną przeciwność służącej.

"Dobranoc, pani, jak miło, że pani przyszła." Myślałem o wszystkich faktach w moim życiu Doszłam do wniosku, że przeżyłem ciemną noc, która mnie prześladuje do dzisiaj- Estela zweryfikowała.

"Musisz się z tym pogodzić." To prawda, że popełnił wiele błędów. Ale jego list i jego żal uczynili cud. Teraz ty musisz kontynuować swoje życie z większym optymizmem, Mary powiedziała.

"Mam nadzieję, że to zrobię." A co z wiernymi w kraju? Służący pytał.

"Nie mogę już powstrzymać mojego syna." Już podjąłem wszystkie wysiłki na palcach, podkreśliłem nieskazitelność.

"Co się wtedy stanie?" "Ciekawe, pokojówka".

"Francja będzie cierpieć", ogłosiła piękna kobieta.

"To smutne!" Obserwowała młodą kobietę.

"Miej odwagę i pewność siebie." On ma plecy.

"Jeśli to powiem, może nikt mi nie uwierzy", pomyślał o medium.

"Mówię z góry, tym, co gorsze dla tych, którzy nie wierzą, poznają prawdę o moich słowach później", ogłosiła Mary.

To było napisane, że matka Boga zniknęła, zostawiając jej powiernika jeszcze bardziej zdumiewające fakty. To był zaszczyt uczestniczyć w tych ważnych chwilach. Dlatego też bym kontynuował misję.

Dwunaste pozorne

1 listopada 1876 roku

To był dzień wszystkich świętych. Minęło sporo czasu od ostatniego pojawienia się, co sprawiło, że nasz drogi przyjaciel trochę smutny i znudzony. Doświadczenie wizji było tak intensywne i dobre, że zawsze chciała to powtórzyć i to właśnie stało się tego dnia.

Pojawiając się w zwyczajny sposób, matka Boga rozejrzała się i spojrzała w stronę horyzontu. Potem uśmiechnął się szeroko, dając służącemu wyraz dobroci. Potem zniknął bez wyjaśnienia. Wystarczyło, by wypełnić dzień szczęścia tej słodkiej młodej kobiecie.

Trzynaste wygląd

5 listopada 1876 roku.

Estela właśnie kończyła modlitwę różańca, kiedy zobaczyła Błogosławioną Dziewicę.

"Och, proszę pani." Czuję się niegodny misji, którą mi pan zaproponował, ponieważ jest tak wielu ludzi, którzy mają kwalifikacje, niż ja mam mówić o twojej chwale — uważał sługę.

"Wybieram cię. Wybrałem łagodną i delikatną dla mojej chwały. Bądź dzielny, twoje zadanie zaraz się zacznie — powiedziała piękna dama, uśmiechająca się.

Potem, Błogosławiona Dziewica skrzyżowała ręce i zniknęła w nieskończoność nocy.

Czternasta pozorność.

11 listopada 1876 roku.

Przez kilka dni ten specjalny sługa naszej Pani wielokrotnie angażował się w modlitwy, które pragnęły inspiracji i pomocy od nieba w rozwiązywanie jej najbardziej krytycznych wątpliwości. W pewnym momencie ona wypłakała następujące zdanie:

"Pamiętaj mnie, Najświętsza Maryjo.

Natychmiast piękna dama pojawiła się z pięknym uśmiechem.

"Nie marnowałeś dziś czasu, pracowałeś dla mnie", powiedział.

"Masz na myśli różaniec, który zrobiłem?" Dziewczyna pytała.

"Tak. Moim życzeniem jest, abyście czynili wiele," potwierdziła Mary.

Niepokojąca cisza wisiała między nimi. Wyraz dziewicy zmienił się z radości na smutek. Zakończył zalecając:

"Odwaga!

Podawanie się różaniec i składanie rąk, jego duch zniknął. Jej oddana ukochana zostanie sama z jej obowiązkami.

Ostatni wygląd

8 grudnia 1876 roku

Minął prawie miesiąc, od kiedy ukochana dziewica pojawiła się jego oddanym sługą. To sprawiło, że była przygnębiona i troskliwa. Ciągle o tym myślała na mszy, na której uczestniczyła. Po powrocie do domu i pozostając w prywatności pokoju, pojawiła się chwalebnie, co było ostatnim razem.

"Moja córko, pamiętasz moje słowa?" Dziewica pytała.

Nagle najważniejsze słowa dziewicy przyszły do przodu, szczególnie o oddaniu różaniec i innych sekretów.

"Tak, pamiętam to doskonale, moja matka", potwierdziła służbę.

"Powtarzaj te słowa wiele razy. Pomogą ci podczas twoich prób i błędów. Nie zobaczysz mnie więcej," powiedziała Mary.

"Co musi się ze mną stać, święcona Matko?" "Dewotem był zdesperowany.

"Będę z tobą, ale niewidzialny," pocieszał ją.

"Widziałem, jak ludzie mnie napędzają i grożą mi, przez to mnie przestraszyli", powiedziała Estela.

"Nie musisz się ich bać, wybrałem cię, byś ogłosił moją chwałę i rozłożył to oddanie", powiedziała nasza dama.

Mary trzymała w rękach różaniec. Obraz był tak zachęcający, że służący miał pomysł.

"Moja ukochana matko, czy mogłabyś mi dać ten różaniec?"

"Chodź i pocałuj go", Mary zgodziła się.

/Podejście do pokojówki /miała przyjemność dotykać i całować święty relikt, /który stał się najważniejszym momentem jej życia. Kontynuowała rozmowa.

"Ty sam, idź do Prelaat i przedstawić go model, który stworzyłeś i powiedz mu, że jeśli ci pomoże, to bardziej mnie to cieszy niż patrzenie, jak moje dzieci używają go, kiedy oni odchodzą od wszystkiego, co obraża moich ludzi, a mój syn otrzymuje sakrament swojej miłości i robi wszystko, co możliwe, by naprawić szkody, które już wyrządziły. Widzisz łaski, które muszę obdarzyć wszystkim, którzy używają do mnie zaufania, a jednocześnie rozprzestrzenili to oddanie- Mary mówiła.

Rozszerzając ręce, święty spowodował upadek obfitości. Ciągle to robiła:

"Grace, które mój syn ci daje, jest zdrowie, zaufanie, szacunek, miłość, świętość i inne gracje, które istnieją. Odmawia mi wszystkiego.

"Mamo, co mam położyć po drugiej stronie strumienia?"

"Mam dla mnie tę stronę rezerwową", odpowiedział matki Jezusa.

Ton był pożegnaniem. Smutek zalał środowisko, wiedząc, że to był ostatni kontakt na Ziemi między tymi dwoma.

"Odwaga, jeśli nie zrobi tego, co chce, to idź wyżej." Nie bój się. Pomogę ci, Mary poleciła.

Gdy spacerował po pokoju, jego duch przeleciał i zniknął przez pęknięcia w pokoju. Ta sekwencja pozorów została zakończona. Błogosławiona niech będzie nasza matka!

Nasza dama z Knock

Irlandia
21 sierpnia 1879 roku

Puk był małą wioską z 10 domami. Pozorność miała miejsce w burzliwej i zimnej nocy: dokładnie na tylnej ścianie kaplicy pojawiły się trzy wspaniałe osoby i ołtarz. Dwieście osób było na miejscu zbrodni i mogło zeznawać, że Mary, Joseph i St. John był tam Evangelista. Wizje te powtarzano w innych przypadkach i z powodu pojawienia się cudów związanych z faktem, zostały one uznane przez Kościół katolicki.

"Wygląd w Chinach

Nasza pani Dong- Lu

1900.

Chiny zawsze były stadium oporu na rozszerzenie chrześcijaństwa. Jednakże nasza dama zawsze szuka przemiany swoich dzieci. Cudne wydarzenie miało miejsce w czerwcu 1900 roku, chrześcijańscy prześladowcy otoczyli rodzinne miasto Dong Lu na skraju eksterminacji oporów. Potem świątynia otoczona przez aniołów. Wystarczyło, by przerazić przeciwników i zmusić ich do ucieczki.

Oszczędzali przed niebezpieczeństwem, mieszkańcy zbudowali świątynię na cześć Marii jako sposób podziękowania im, A potem, sanktuarium zostało uznane za oficjalne centrum pielgrzymki, święto zostało wydane na cześć naszej pani i wreszcie, poświęcenie kraju dla piersi Matki Dziewicy.

Chiński reżim komunistyczny był głównym antagonistą wzrostu chrześcijaństwa w regionie, Czując się zagrożony, rząd zebrał pięć tysięcy żołnierzy oprócz tuzinów opancerzonych samochodów i helikopterów atakujących Marian Sanktuarium. Działanie to doprowadziło do konfiskaty posągu Marii Dziewicy i aresztowania wielu księży.

W Chinach jest nielegalna religia. Chrześcijanie w regionie mają tendencję do sprawowania religii w tajemny sposób, aby uniknąć odwetu. Wielu z nich zniknęło lub zostało aresztowanych. To prawdziwa bitwa dobra przeciwko złemu.

Jedną rzeczą, która zasmuciła katolików świata, była wtedy, gdy komuniści zniszczyli Komuniści Dong- Lu podczas Olimpiady Pekinu. Jednakże obraz naszej damy z Chin został nienaruszony, ponieważ nie został znaleziony przez antychrześcijańscy.

Nasza dama jest również królową Chin. Nawet jeśli Szatan będzie kontynuował prześladowanie, nie będzie brakowało katolików w najbardziej popularnym kraju na świecie. Dowód tego jest niezliczone zjawiska zgłoszone w Dong-Lu. Módlmy się za wszystkich naszych chińskich braci i siostry wiary.

Nasza dama z Qing Yang

1900

Była tam wieśniaczka z tego regionu, która była bardzo chora. Poszła do wszystkich lekarzy, których znała. Jednakże żadne zalecane leczenie nie miało żadnego wpływu.

Kiedyś szedł po wsi, gdy piękna dama nosiła długą białą sukienkę i pojawiła się niebieska szarlotka.

"Zbierz trawę z tego obszaru. Napij się herbaty i pij. Obiecuję, że wkrótce się wyleczysz.

"Dobrze, madame." Zrobię, co każesz.

Chłopaka posłuchała rozkazu, które stamtąd zbierały zioła. Po powrocie do domu pił herbatę. Jak obiecałem, poprawił się w krótkim czasie. Odkryła tylko, kto był pięknym widokiem, kiedy zobaczyła ten sam obraz w domu katoliczki. W tym wiadomości rozprzestrzeniły się w całym regionie i w całym kraju.

Z uwagi na okoliczności, diecezja przejęła zakup ziemi, na której pojawił się święty, w sekwencji budowania kaplicy, a później kościół Z czasem pielgrzymka do tego miejsca wzrosła i skonsolidowała się jako jedna z najważniejszych świątyni Marian na świecie.

Nasza pani Sheshan.

Szanghaj-China-1900.

Szanghaj jest położony na wschodnim wybrzeżu Chin. Ze względu na swoją pozycję strategiczną, obok doliny Yangzi, stała się bramą dla katolickich misjonarzy, mającą na celu ewangelizację Chin. Jak tylko osiedlili się na wsi, zbudowali świątynię poświęconą naszej Lady z Sheshan na zachód od miasta. Obok niego zbudowano również dom emerytowanych jezuitów.

Nasze osiągnięcie w tym regionie było to, że uratowała diecezje przed atakiem promowanym przez Taiping Rebelia. W podziękowaniu lokalni chrześcijanie wzięli bazylikę na cześć matki Boga, czyniąc ją specjalnym obrońcą diecezje Szanghaju.

Z udziałem pierwszej konferencji biskupów, obraz Szanghaju został przyjęty jako "Królowa Chin". Z powodu rewolucji kulturalnej zniszczono oryginalny obraz naszej damy, a następny obraz został zastąpiony w kwietniu 2000 r. Kopia tego posągu została przekazana Papieżowi Benedictowi XVI i nazwała» Nasza dama z Sheshan «. To jedno z najważniejszych centrów Marian w kraju, gdzie święty naprawdę rozbija głowę węża, reprezentując zwycięstwo dobra nad złem.

Koniec

www.ingramcontent.com/pod-product-compliance
Lightning Source LLC
LaVergne TN
LVHW020445080526
838202LV00055B/5343